AF554750

8°R
17669
(13)

COMITÉ DE DÉFENSE ET DE PROGRÈS SOCIAL

*Patrie, Devoir, Liberté*

# CRIMINALITÉ

ET

# SOCIALISME



PAR

EUGÈNE ROSTAND



AU SIÈGE DU COMITÉ
54, rue de Seine, 54
PARIS

N° 13.

# PUBLICATIONS DU COMITÉ

1. — *Conférences* (*broch. in-18 à 0 fr. 05*).

N° 1. Pourquoi nous ne sommes pas socialistes, par M. A. LEROY-BEAULIEU.
N° 2. L'usage de la liberté et le devoir social, par M. GEORGES PICOT.
N° 3. Le progrès social par l'initiative individuelle, par M. E. ROSTAND.
N° 4. Le devoir d'aînesse, par M. PAUL DESJARDINS.
N° 5. Le rôle et le devoir du capital, par M. E. CHEYSSON.
N° 6. Le devoir social de la jeunesse, par M. CHARLES WAGNER.
N° 7. Notre responsabilité devant le mal social, par M. OLLÉ-LAPRUNE.
N° 8. Les assurances ouvrières et le socialisme d'Etat, par M. ALB. GIGOT.
N° 9. L'agriculture et le socialisme, par M. D. ZOLLA.
N° 10. Le Comité de défense et de progrès social, par M. A. LEROY-BEAULIEU.
N° 11. La liberté d'association, par M. GABRIEL ALIX.
N° 12. La diffusion de la fortune mobilière en France, par M. R.-G. LÉVY.
N° 13. Le rôle social de l'écrivain, par M. RENÉ DOUMIC.
N° 14. La coopération, ses bienfaits et ses limites, par M. MABILLEAU.
N° 15. Les solutions socialistes et le fonctionnarisme, par M. E. ROSTAND.
N° 16. Salariés et capitalistes, par M. DANIEL ZOLLA.
N° 17. Voyage social en Allemagne, par M. GEORGES BLONDEL.
N° 18. Le rôle social de la colonisation, par M. JOSEPH CHAILLEY-BERT.
N° 19. Le Vooruit de Gand, par M. J. VAN DEN HEUVEL.
N° 20. Les expériences sociales en Australie, par M. PIERRE LEROY-BEAULIEU.
N° 21. La répression pénale et les intérêts populaires, par M. H. JOLY.

2. — *Brochures in-18 à 0 fr. 25*
(*couronnées dans le Concours de* 1895-96).

A. La propriété est-elle légitime? par M. ANDRÉ VOYARD.
B. Les adversaires de la propriété, par M. DE SAINT-GENIS, ancien conservateur des hypothèques.
C. Le principe de la propriété, par M. le pasteur MAURICE CONSTANÇON.

3. — *Tracts à 1 fr. 50 le cent assortis.*

1. La propriété. — 2. Histoire d'une casquette. — 3. La nationalisation du sol. — 4. Le plus coûteux des gouvernements. — 5. Mes griefs contre le socialisme, par M. EUG. D'EICHTHAL. — 6. Le budget de l'Etat collectiviste, par M. MAURICE BLOCK, de l'Institut. — 7. Socialistes... pourquoi pas? par M. PAJOT. — 8. La patrie française et l'internationalisme, par M. ANATOLE LEROY-BEAULIEU, de l'Institut. — 9. Les citations de M. Jaurès et la véracité des socialistes, par M. PAUL LEROY-BEAULIEU, de l'Institut. — 10. Collectivisme agraire et nationalisation, par le même. — 11. A l'école de la coopération et à l'école du socialisme, par M. EUG. ROSTAND. — 12. Les responsabilités de la presse, par ANATOLE LEROY-BEAULIEU, de l'Institut. — Etc.

# CRIMINALITE ET SOCIALISME

**La misère n'est ni l'unique ni la principale cause de la criminalité.**

Que la *misère* soit la grande génératrice du crime, qu'elle joue un rôle décisif dans l'augmentation de la criminalité, c'est une idée que s'attachent à accréditer diverses sortes de gens : ceux qui veulent substituer à la responsabilité humaine un fatalisme naturaliste, ceux qui par une tendance bizarre cherchent toujours des excuses au mal, ceux qui déclarent urgent de refondre l'organisation de nos sociétés comme substantiellement détestable. Les socialistes soutiennent même que la misère est le principal facteur, quelques-uns disent le seul, de l'accroissement des crimes. Il y a dans ces affirmations une part de vérité et une part d'erreur souvent systématique.

Oui, il est exact que sinon la pauvreté, du moins un certain excès de misère peut contribuer à pousser vers le crime. Les enfants abandonnés par leurs parents, ou jetés aux hasards de l'assistance publique, ou grandis sur le pavé des rues, hors de la vie régulière, des cadres sociaux, et du travail, fournissent un contingent notable à ce qu'on a appelé l'armée du crime : les uns sont des dégénérés physiques ou portent en eux de mystérieux germes du vice, les autres ont été livrés aux instincts de l'animal et du sauvage. Dans les promiscuités des familles réduites au taudis infect, dans la terrible « chambre unique » que connaissent trop et combattent ceux qui s'occupent de l'amélioration des humbles logements, se déforment, s'avilissent, se pourrissent de corps et d'âme bien des enfances et des adolescences. De la détresse sortent bien des vagabonds, et du vagabondage bien des voleurs, ou pis. Il n'est pas d'hier, le *malesuada fames* : les tentations de la faim sont dangereuses. Les désespoirs de l'extrême dénûment ne sont pas des conseillers moins redoutables.

Descendons pourtant plus avant, regardons-y de plus près.

C'est d'abord un point délicat de savoir si les peuples les plus féconds en crimes ne sont pas ceux où l'aisance est la plus répandue. Justement certains néo-criminologues de l'irresponsabilité en sont d'avis, et se demandent si une criminalité plus intense ne correspond pas à une civilisation plus avancée : ils en cherchent même de subtiles raisons. Sans aller jusqu'à ces vues de sophistes, on est forcé de reconnaître qu'en général, sauf des exceptions comme l'Angleterre, et aussi la Suisse, les pays les plus riches et les plus civilisés ont une criminalité élevée, et que le contraire est vrai de pays arriérés ou pauvres.

En second lieu, c'est maintenant une certitude acquise à la science par l'observation et la statistique que l'évolution économique tend non point, comme le racontaient les astrologues socialistes, à rendre les pauvres toujours plus pauvres, mais au contraire à répartir toujours moins inégalement la richesse, à relever le niveau moyen de vie, à généraliser, non à raréfier le bien-être. Comment dès lors expliquer un accroissement de criminalité par une misère qui va plutôt décroissant ?

C'est que nous touchons à la part de fausseté du raisonnement. Un excès de misère peut aider à susciter le crime; mais la progression de la criminalité ne vient pas de là, puisque l'excès de misère diminue.

En réalité, la misère n'est un facteur déterminant de crime que si elle se produit sur un terrain préparé, si elle accable des êtres moralement désarmés, à conscience éteinte ou affaiblie, chez qui fait défaut ou a disparu une moralité forte, et surtout une croyance supérieure.

Le nécessiteux, le misérable même qui accepte l'inégalité terrestre, qui croit aux sanctions du bien et du mal, qui ne doute pas d'une vie réparatrice et d'une justice suprême, n'est pas particulièrement accessible par le fait de son indigence au rêve du crime, l'est souvent moins que le riche dépravé.

Qu'avons-nous sous les yeux chaque jour? Ici de pauvres êtres dénués de tout, qui déploient des énergies, des vertus familiales, des courages, des dévouements admirables, parce qu'un ressort intérieur les soutient. Là des éprouvés sans patience dans l'épreuve, qui désertent la lutte ou vont au crime. Un sombre exemple en est la fréquence des *suicides à plusieurs avec meurtres d'enfants* : l'esprit public dévoyé s'apitoie sur ces drames, sans réfléchir qu'à la mort volontaire de parents lâches devant la souffrance se joint l'épouvantable forfait d'innocents tués par eux, et que la pensée d'égorger ou d'asphyxier ses enfants ne vient point à une mère croyante en Dieu.

C'est donc résoudre la question par la question qu'imputer à la misère une très large part dans la marche ascensionnelle de la criminalité française.

## Le socialisme ne peut rien contre la criminalité.

Nous avons pu établir ailleurs (1) ces deux points : 1° que, dans la marche ascensionnelle de la criminalité française, la *misère* n'est pas, comme le prétendent les socialistes, le fac-

(1) *Réforme sociale* des 1er mars, 1er et 16 a'r'

teur unique, ni même le principal, et qu'elle y contribue seulement pour un appoint; 2° qu'indépendamment de cinq ou six autres causes importantes, que nous avons analysées et qui s'entre-croisent, une part considérable de responsabilité revient à la presse, surtout par la publicité détaillée des crimes. Sur ces deux points notamment, nos vues viennent d'être confirmées avec une haute autorité par le philosophe de pensée libre et de talent supérieur dont la grande étude sur l'ensemble du sujet avait produit dans la *Revue des Deux Mondes* (15 janvier 1897) une impression si profonde, M. Alfred Fouillée.

L'objet propre de l'important article qu'il a publié dans la *Revue Bleue* (30 octobre 1897) sous ce titre : *Quelques réflexions sur la criminalité et le socialisme* est de démontrer qu'en présentant dans la prétendue possibilité de supprimer la misère le remède décisif de la criminalité, le socialisme se trompe absolument. Les influences du « milieu économique » n'y ont qu'une part restreinte : la passion sous toutes ses formes est la cause vraie de la plupart des crimes.

« Le matérialisme marxiste, en faisant tout dépendre des conditions économiques et du régime de la propriété, oublie ou méconnaît les causes physiologiques du crime, tout comme les causes psychologiques. Après avoir admis — ce qui est loin d'être prouvé — que la socialisation des moyens de production ferait disparaître la misère, il soutient que la misère elle-même est, sinon la cause unique, « du moins la cause principale de la dégénérescence humaine ». C'est même là, à en croire M. Ferri, « un fait incontestable et incontesté ». Certes, il faut combattre la misère par tous les moyens possibles, individuels et collectifs... Mais l'école de Marx oublie trop les autres causes de la criminalité, ou en méconnaît la nature, en les rangeant presque toutes dans la catégorie de la misère. A moins de jouer sur le sens de ce mot, il faut entendre par là, pour être fidèle à la pensée de Marx, la misère économique ;

sans quoi tout rentrera dans la misère, misère physiologique des gens mal portants, misère intellectuelle des sots, misère morale des vicieux. Or, ces dernières formes de misère, qui ne proviennent pas de la première, c'est-à-dire de la pauvreté, qui n'en proviennent qu'accidentellement et indirectement, jouent un rôle énorme dans la dégénérescence. La débauche et l'alcoolisme sont parmi les causes les plus manifestes de décadence physique et morale; ces causes expliquent aussi, avec la passion, la majeure partie des crimes. »

M. Fouillée demande avec autant de justesse que d'esprit :

« Quels sont les secrets du marxisme pour supprimer par des moyens économiques et matériels (comme il convient au matérialisme historique) : 1° la débauche, 2° l'alcoolisme, 3° la passion sous toutes ses formes? Autrement dit, comment les « péchés capitaux » de la morale, — luxure, gourmandise et intempérance, orgueil, envie, paresse, — vont-ils s'évanouir avec la propriété individuelle?

Le seul qui ait un rapport direct avec le régime de la propriété, c'est « l'avarice »; mais, à moins d'une complète et chimérique égalité de distribution, qui assurerait au paresseux la même rémunération qu'au laborieux et supprimerait toute épargne, quelle qu'elle soit, l'avarice trouverait encore le moyen de se glisser dans l'Éden socialiste. Et les six autres péchés y éliraient leur domicile habituel, qui est le cœur même de l'homme. Par quel miracle supprimerez-vous, entre autres, les « passions de l'amour »? Et la jalousie? Et la vengeance? Les animaux sont jaloux les uns des autres; si vous avez deux chiens, caressez l'un, vous verrez l'autre envieux jusqu'à souvent mordre de colère le premier. Entre les enfants, la jalousie est analogue. Est-il un prodige d'organisation sociale qui puisse extirper l'envie? La jalousie par amour, comment la déraciner? Par la promiscuité? Quel progrès à reculons! Et d'ailleurs, cela ne suffirait pas : les luttes n'en seraient que plus brutales. Quant à l'instinct d'appropriation, déjà manifeste chez les animaux et les enfants, il n'est pas de communisme qui le puisse extirper. — Le vol, direz-vous, disparaîtrait, n'ayant plus rien à prendre? En êtes-vous sûr?

N'y aurait-il pas toujours des objets mobiliers dont l'individu aurait la possession, ne fût-ce que pour un jour ? Est-il certain que ces objets seraient respectés du voisin ? Supprimer toute propriété pour supprimer tout délit contre la propriété, pure utopie.

Et il resterait tous les délits ou crimes contre les personnes, qui sont loin d'être une quantité négligeable. M. Ferri n'admet comme devant subsister dans le paradis marxiste que « les formes de criminalité rendues aiguës par quelque influence pathologique personnelle, par le délire momentané, par le traumatisme, etc. » ; comme s'il y avait du traumatisme chez l'amoureux exaspéré, ou comme si son « délire » n'était pas d'ordre psychologique et moral, non pathologique !

... Les crimes contre la propriété attribuables à la détresse proprement dite ne forment aujourd'hui que le quart environ ; le goût du vol, la paresse, le vice expliquent le reste. Les crimes contre la propriété ont été plus nombreux en Angleterre pendant les années grasses de 1870-1874 que dans les années maigres 1884-1888. L'Inde fournit quatre ou cinq fois moins de ces crimes que l'Angleterre. Grave erreur de croire qu'il suffit d'accroître le bien-être, *sans plus*, pour abaisser le chiffre du crime, surtout chez les jeunes gens ! »

Il est si peu exact de tout expliquer en ce monde, comme fait le socialisme, par les besoins de la vie matérielle, et conséquemment par le régime de la production, de la distribution, de la consommation, que le plus ou moins de criminalité n'est nullement proportionnel au plus ou moins de pauvreté des régions ; en général, sauf des exceptions comme l'Angleterre ou la Suisse pour lesquelles nous avons expliqué le fait (1), les pays les plus riches ont une criminalité élevée, et le contraire est vrai de pays pauvres.

« Le crime est si loin d'être *lié* à la misère qu'il est au contraire moins fréquent dans les pays pauvres. L'Hérault et la

(1) Voir la *Réforme sociale* du 16 avril 1897.

Normandie, les plus riches régions du territoire, sont aussi les plus délictueuses, et nous présentent une jeunesse qui ne leur fait pas honneur. MM. Joly et Tarde ont montré que la cause en est dans la rapidité avec laquelle les gens se sont enrichis; la cupidité y a crû encore plus vite que la richesse; la facilité même de satisfaire tous les vices a entraîné parents et enfants à tous les vices. Les causes économiques recouvrent donc ici les causes morales. Au contraire, les départements bretons qui souffraient de la misère ont beau entrer peu à peu dans la voie enrichissante des progrès agricoles, ils voient s'éclaircir leurs teintes sur les cartes de la criminalité.

En France, tout considéré, les conditions économiques et le régime de la propriété sont supérieurs à ce qu'ils sont dans les autres pays, la misère est moins grande, l'aisance plus générale, la propriété plus divisée et plus répandue. Comment se fait-il donc que, dans l'augmentation universelle de la criminalité, surtout juvénile, nous ayons en France un surplus par rapport aux autres nations, et surtout que la criminalité contre les personnes, la criminalité violente et barbare, aille chez nous en augmentant?

Il faut bien qu'il y ait ici en jeu des causes particulières, qui ne sont plus de l'ordre économique. »

Et contre ces causes, que peut la panacée socialiste?

## Responsabilité de la presse dans l'accroissement de la criminalité.

La seconde de nos vues que vient de confirmer M. A. Fouillée dans sa nouvelle étude est celle-ci que, dans la marche ascensionnelle de la criminalité française (1), une part très lourde

(1) La statistique de la justice criminelle pour 1895 accuserait un léger répit, qui n'est pas expliqué, sauf peut-être par le relâchement croissant de la répression. Mais d'abord il s'agit de 1895: à compter les crimes ou suicides dont nous avons été quotidiennement témoins, est-ce une diminution qu'auront apportée 1896 et 1897 ? Puis la progression demeure terrible dans l'ensemble: par exemple on n'a relevé que 9.253 suicides en 1895 contre 9.703 en 1894; mais ce chiffre de 9.253 ne reste-t-il pas

de responsabilité pèse sur la presse. Sa thèse étant cette fois l'impuissance du socialisme à résoudre le problème de la criminalité croissante, il établit ici que le socialisme ne guérirait nullement le mal qui est imputable à la presse, ou même qu'il l'aggraverait. Dans cette démonstration, il appuie tout ce que nous n'avons cessé de répéter depuis si longtemps et sous tant de formes (1).

La presse agit surtout par les *sophismes anti-sociaux ou soi-disant passionnels*, la *licence dont le terme est la pornographie*, la *publicité détaillée des crimes*. Écoutons sur ces trois points M. Fouillée.

Il constate « la toute-puissance de l'enseignement immoral dans la presse française » :

« Autrefois, la presse se considérait comme ayant la mission de « vulgariser les idées », souvent généreuses; aujourd'hui, ce sont des passions qu'elle prend à tâche de répandre. En fait de nourriture intellectuelle, elle a le reportage à outrance, « la littérature chez la portière », les personnalités et les diffamations, la reproduction complaisante de tous les « événements sensationnels », crimes, scandales, faits de la vie privée, faits et gestes du demi-monde; quant aux jouissances « d'art » qu'elle propose ou impose, ce sont trop souvent des récits ou des gravures pornographiques. *Les sophismes anti-sociaux et les sophismes passionnels* alimentent notre presse quotidienne et nos romans. Vengeance, jalousie et colère, voilà les passions mères de l'homicide, là où il ne résulte pas de la cupidité: la conduite vindicative et le banditisme rencontrent dans les mœurs de certains pays encore à demi barbares une

une énorme majoration relativement à celui de 1880 (pour ne pas remonter plus loin), qui était de 6.259? 3.000 de plus en quinze ans! Il en va de même pour les crimes proprement dits, matière où le groupement et les classifications des données influent d'ailleurs beaucoup sur les déductions.

(1) V. *Questions d'économie sociale dans une grande ville populaire* (1889); l'*Action sociale par l'initiative privée*, t. I (1893), p. 845 et s., et t. II (1897), p. 634 et s.

complicité latente : or, une certaine presse, la plus répandue, est chez nous l'apologiste journalière de la vengeance, de la jalousie et de la colère. Elle les érige en maximes de la conduite collective. Quant aux crimes contre la propriété, la presse les favorise directement toutes les fois qu'elle attaque la propriété même et représente notre régime actuel comme une violation des droits du peuple ; elle les favorise indirectement quand elle ébranle toutes les croyances morales et inspire le scepticisme. »

Quant à la publicité détaillée des crimes, M. Fouillée n'est pas moins net :

« Une autre action funeste des journaux, qui ne tient nullement à notre régime de propriété et qui subsisterait sous un gouvernement de socialisme populaire, c'est la publication, si recherchée par le peuple, des détails et des photographies du crime.

Selon M. Mac Donald, qui a réuni là-dessus nombre de documents, « il y a là un grand mal pour la société, eu égard à la tendance de l'homme à l'imitation ». De plus, le criminel en tire orgueil. Enfin, ces publications satisfont chez le peuple une curiosité maladive et dangereuse. « Les faibles moralement et intellectuellement en sont les plus affectés. » Si, de plus, ce sont des enfants ou jeunes gens qui subissent cette action démoralisatrice, les effets en sont encore grossis dans un âge où l'imitation prévaut davantage et où la responsabilité personnelle est moindre. Avant les débats judiciaires, nos journaux font des récits circonstanciés du « drame », qui est bien, en effet, une pièce de théâtre servie à l'avidité malsaine de la foule. Les journalistes assiègent les prétoires pour obtenir des détails ; ils en inventent au besoin. Une femme a été coupée en morceaux ; combien y en avait-il ? par quels adroits procédés l'opération a-t-elle pu être accomplie ? Un homme vient d'être étranglé : comment ? combien y avait-il de nœuds au ligotage ? Un autre est empoisonné : de quel poison ? préparé par quelle recette ? comment versé à la victime ? Il n'est pas de détail, si hideux soit-il, qui ne doive être servi au lecteur ; il faut que ce dernier, fût-il un adolescent, conçoive et ressente par le menu ce qu'a conçu et ressenti le meurtrier ; il faut qu'en imagination, depuis le premier acte jusqu'au dernier, il accomplisse le crime, dissèque, étrangle, empoisonne. Telle est l'éducation du peuple par la presse. »

L'illustre philosophe veut bien rappeler un exemple que nous avions cité en nos études :

« Récemment, en Angleterre, les journaux rendaient compte en quelques lignes discrètes du procès fait à une sorte d'ogresse qui avait maltraité des enfants et qui fut condamnée à la pendaison. Pendant ce temps, en France, un des plus répandus parmi les journaux populaires publiait trois colonnes de détails horribles sur ce procès, sans qu'on pût savoir comment il les avait connus et s'il ne les avait pas tout simplement inventés. — En Angleterre, pas de publicité détaillée des crimes, dit M. Rostand ; aucun magistrat, aucun greffier ne confie une instruction au reportage ; les comptes rendus judiciaires sont sobres. Dans le procès d'Oscar Wilde, par exemple, la réserve la plus stricte fut observée. Il est donc certain que la démocratie française, oublieuse de ses vrais intérêts, au lieu de lutter par tous les moyens contre la marée du crime, laisse rompre toutes les digues sous prétexte de liberté. »

Voilà des années que nous appelons l'attention de la presse elle-même et du législateur sur ce mode d'influence redoutable des journaux (1). Récemment encore, on en a eu des exemples saisissants. Le quintuple suicide de l'avenue Marceau est certainement dû, pour une large part, aux récits de suicides collectifs en famille, — les parents tuant leurs enfants sous

(1) Tout le monde commence d'en être frappé. M. Tarde, l'éminent criminologiste et statisticien, écrivait récemment : « Quant à la « *chronique judiciaire* », à elle seule, *elle a fait commettre plus de crimes, par la contagion du meurtre et du vol*, que *l'école n'a jamais pu en empêcher.* » — « Car il ne se commet pas un assassinat que la presse ne s'en émeuve, » ajoute M. Fouillée.

prétexte de les aimer mieux, — qu'ont publiés les journaux depuis deux ou trois ans (1). Et, d'autre part, il est bien à craindre que l'immense publicité donnée aux monstrueux forfaits de l'éventreur Vacher, loin de produire seulement une horreur universelle, ne suscite des imitations (2).

Cette contagion évidente est niée par l'école qui veut partout remplacer la responsabilité par un néo-fatalisme. C'est ainsi que M. Enrico Ferri, dans son livre *Les criminels dans l'art et la littérature*, écrit : « Cent mille personnes peuvent lire « impunément le récit d'un suicide dans un journal, une seule « l'imitera, et c'est par prédisposition naturelle, elle se serait « suicidée quand même il serait interdit aux journaux de « raconter les faits de ce genre ». Il est possible, quoique cette sorte de lectures soit infiniment moins inoffensive que ne le prétend le professeur socialiste, que peu de lecteurs imitent le suicide ou le crime dont beaucoup auront lu les détails, et que ce soient des cerveaux faibles, ou des âmes troublées; mais le sophisme consiste à ne pas reconnaître qu'ils seraient restés inactifs, ou se seraient ressaisis (le trouble accidentel passé), s'ils n'avaient pas lu, et que *la lecture suggestive a été la secousse déterminante.*

## La défense sur ces deux points.

En définitive, la misère n'a dans la criminalité qu'une part

(1) Et lui-même le suicide collectif de l'avenue Marceau a été suivi dans le mois (nov. 1897) de trois ou quatre autres suicides collectifs, conséquence immédiate de la diffusion détaillée.

(2) Il vient d'en susciter à Marseille (janvier 1898), l'égorgement après viol d'une malheureuse enfant.

restreinte (1), et la presse en a une extrêmement importante. Confirmé dans nos convictions par le haut témoignage de M. Fouillée, nous adhérons de même à sa démonstration décisive que le socialisme ne peut rien ni dans un sens ni dans l'autre contre la criminalité.

« Un meilleur régime de la famille, de l'école, de l'atelier n'entraîne pas le collectivisme. Il en est de même pour un meilleur régime de la presse. On a proposé à la presse française de prendre, par ses syndicats, la résolution de fermer ses colonnes aux récits de crimes. Elle a fait jusqu'ici la sourde oreille. Elle donne d'ailleurs au peuple ce que le peuple cherche, et nous demandons avec inquiétude comment la démocratisation croissante, qui, sous le régime socialiste, serait encore plus radicale, pourra trouver en elle-même son propre frein.

...La démocratie française se défend mal contre un certain nombre de vices ou d'abus qui, directement ou indirectement, deviennent générateurs de criminalité. Il serait temps de se souvenir que la plus importante des questions politiques est celle de la moralité nationale. »

Il faut travailler à raréfier les cas d'extrême *misère*, mais sans jamais perdre de vue que la misère contribue à la criminalité seulement dans la mesure de l'extinction de la vitalité morale individuelle.

Il faut mettre un terme à la *publicité du détail des crimes et des suicides par la presse*, soit au moyen de *pactes d'honneur* entre les journaux, s'ils finissent par s'y résoudre, soit au besoin, car il s'agit d'un intérêt social immense, par une *intervention du législateur*.

(1) La statistique de la justice criminelle pour 1895 apporte sur ce point une preuve nouvelle : « Une carte de France dressée sur les données de « la criminalité départementale présenterait cette apparente anomalie que « les teintes les plus sombres y marqueraient souvent les provinces les « plus riches, la Seine, les Bouches-du-Rhône, l'Hérault. »

### Que le socialisme a une part d'influence sur l'augmentation de la criminalité.

Quant aux rapports du *socialisme* avec le sujet, nous irons un peu plus loin que le penseur indépendant et fort dont le nouveau témoignage a corroboré nos vues avec une autorité magistrale. Constatant après lui que le socialisme ne peut rien ni en ses solutions transitoires, ni en ses solutions absolues, contre la criminalité, nous oserons dire que la propagande socialiste tendrait plutôt à avoir une part dans l'aggravation du mal par la façon dont elle influe sur chacune des causes complexes de cette aggravation que nous avons analysées ailleurs (1) :

1° Sur l'*école*, en repoussant de l'éducation de l'enfance populaire les principes sanctionnés des morales religieuses, en la désimprégnant de christianisme ;

2° Sur la *presse*, en la faisant vulgarisatrice des sophismes antisociaux, soit contre la liberté et la propriété individuelles, soit contre les autres notions qui sont le ciment des sociétés civilisées ;

3° Sur la *répression*, en aidant à la relâcher par la substitution des théories de l'école du criminel-né et du néo-fatalisme (M. Enrico Ferri est un des chefs du socialisme soi-disant scientifique) à l'idée de responsabilité personnelle ;

4° Sur la *dépravation des mœurs*, en limitant les aspirations humaines à la satisfaction de convoitises ou au moins de désirs réalistes, comme en affectant l'indifférence pour les licences de la rue ;

5° Sur l'*alcoolisme*, en refusant de rien faire (notamment là

(1) Dans la *Réforme sociale*, et au t. II de notre ouvrage *l'Action sociale par l'initiative privée*, p. 649 et s.

où le socialisme détient le pouvoir municipal) pour réduire ou assainir les lieux de vente du poison, traités avec indulgence comme lieux d'agitation électorale ou autre, et aussi en opposant aux efforts généreux de résistance au fléau la justification systématique de l'abus des spiritueux, présenté tantôt comme une pratique réchauffante ou réparatrice, tantôt comme une nécessité inéluctable d'un labeur manuel excessif, tantôt comme un minimum de plaisir dû à l'ouvrier privé de tout ;

6° Sur le *trouble de l'atmosphère sociale*, en concourant avec passion au discrédit de toute autorité, à l'ébranlement de la famille, à la dissolution des respects, au déclassement des conditions, à l'exacerbation des antagonismes de classes ;

7° Sur la *matérialisation générale des âmes*, en généralisant la négation de toute existence supraterrestre, et en offrant, comme idéal aux générations jeunes le contraire même d'un idéal, la lutte pour la vie présente avec la jouissance immédiate pour but :

8° Sur les *facilitations matérielles du crime*, en revendiquant pour tous une demi-instruction scientifique, et en prêchant comme des dogmes soit le devoir de la révolte, même contre les lois, soit le droit de se faire justice soi-même ;

9° Sur la *misère*, en ôtant à ceux qui en souffrent l'acceptation des inégalités naturelles, le ressort des moralités vigoureuses, le soutien des croyances supérieures et des espérances compensatrices, c'est-à-dire en désarmant la misère contre les tentations du crime.

Eugène Rostand.

PARIS. — IMPRIMERIE F. LEVÉ, RUE CASSETTE, 17.

www.ingramcontent.com/pod-product-compliance
Lightning Source LLC
LaVergne TN
LVHW020505230826
846091LV00008BA/3342